VORWORT

Dieses Skript richtet sich insbesondere an Studierende der ersten Semester. Es vermittelt einen Überblick über die wesentlichen Klausurinhalte und ermöglicht einen schnellen Einstieg in den allgemeinen Teil des Strafrechts.

Dieses Skript bietet dem Leser insbesondere die folgenden Möglichkeiten:

- **Gutachtenstil** Der in jeder juristischen Klausur geforderte Gutachtensti- kann anhand von Fällen erlernt werden. Neben dieser üblichen Vermittlung durch die Fälle, bietet das Skript zudem besondere Hinweise, die das Schreiben eines Gutachtens erleichtern.

- **Definitionen** Die wichtigsten Definitionen des allgemeinen Teils des Strafrechtes werden nicht nur im Rahmen der Falllösungen erwähnt sondern auch noch einmal zur schnellen Wiederholung auf den Karteikarten.

- **Materielles Recht** Durch die sorgfältige Arbeit mit dem Skript kann sich der Leser die Grundlagen des allgemeinen Teils des Strafrechtes aneignen. Das in diesem Skript vermittelte Wissen, kann zwar aufgrund der gebotenen Kürze keinesfalls als vollständig betrachtet werden, es sollte aber im Regelfall zumindest das ordentliche Bestehen der Klausur ermöglichen.

- **Arbeit an dem Gesetz** Was ist wichtiger als das ständige Auswendiglernen? – Richtig, die sorgfältige Arbeit an dem Gesetz. Uns lag es daher besonders am Herzen, insbesondere diese Gesetzesarbeit als Grundstein der juristischen Arbeitsweise anhand von Beispielen zu erläutern.

- **Schnelle Wiederholung** Die dazugehörigen Karteikarten bieten die Möglichkeit vor der Klausur schnell die wichtigsten Definitionen und Prüfungsschemata zu wiederholen.

Zuletzt eine kleine Anmerkung am Rande: Aus eigener Erfahrung weiß ich, dass die Klausuren in den ersten Semestern einmal nicht so verlaufen können, wie man es sich wünschen würde. In diesen Fällen ist Durchhalten gefragt! Jeder gute Jurist hat einmal Misserfolge, zweifelt an seinem Können und überlegt eventuell sogar abzubrechen. Aber auch wenn es ein steiniger Weg ist, lohnt es sich diesen Weg zu meistern. Rückblickend muss ich sagen, dass ich mir vieles erst während des *Jura Intensiv* Jahreskurses zur Examensvorbereitung erschloss. Aus dieser Erfahrung kann ich nur jedem Studierenden raten sich frühzeitig in entsprechenden Kursen auf das Examen vorzubereiten.

Ein Teil dieser strukturellen Lernmethode möchte ich nun unter Mitwirkung von Herrn Dr. Schweinberger weitergeben.

Für Anregungen, Verbesserungsvorschläge und Kritik sind wir besonders dankbar. Sie erreichen uns im Internet unter verlag@jura-intensiv.de.

Kerstin Badorff

INHALT

1. DAS VORSÄTZLICHE VOLLENDETE BEGEHUNGSDELIKT

A. DER TATBESTAND

I. Der objektive Tatbestand

In der strafrechtlichen Deliktsprüfung gibt es einen festen dreistufigen Aufbau, welcher beherrscht werden muss. Zunächst ist auf den Tatbestand, dann auf die Rechtswidrigkeit und anschließend auf die Schuld einzugehen.

Unsere ersten zwei Fälle werden sich mit der Prüfung des Tatbestandes beschäftigen. Dieser legt fest, ob eine Person die jeweiligen Voraussetzungen eines Straftatbestandes erfüllt hat. Der Tatbestand lässt sich unterteilen in einen objektiven und einen subjektiven Tatbestand.

Die für die Anfängerklausuren wichtigsten Straftatbestände sind die §§ 223 I, 224 I, 212 I, 211 I, 303 I StGB. Diese sollten gekannt und beherrscht werden.

Der objektive Tatbestand wird in der Fallbearbeitung auf das Vorliegen folgender Tatbestandsvoraussetzungen hin untersucht:

- **Tatobjekt** und **Tatsubjekt**
- **Taterfolg**
- **Tathandlung**
- **Kausalität** und **objektive Zurechnung**

Bei dem Totschlag wäre beispielsweise Tatsubjekt der Täter und Tatobjekt das Opfer. Der Taterfolg wäre der Tod des Opfers und die Tathandlung könnte in einem Schuss auf das Opfer bestehen.

Insbesondere in Anfängerklausuren ergeben sich häufiger Probleme im Rahmen der Kausalität und der objektiven Zurechnung. Daher beschäftigen sich die nächsten zwei Fälle mit diesen Themen.

1. Kausalität

Die Kausalität erklärt den ursächlichen Zusammenhang zwischen der Tathandlung und dem Taterfolg. Nach der herrschenden Ansicht, wird sie mit der Äquivalenztheorie bestimmt.

Für diese Theorie wird auch der Begriff „conditio-sine-qua-non-Formel" verwendet.

DEFINITION
Kausal für einen Erfolg ist eine Handlung, wenn sie nicht hinweg gedacht werden kann, ohne dass der konkrete Erfolg entfiele.

hypothetische Reserveursachen

Bei der Anwendung der Äquivalenztheorie muss man also als Gedankenexperiment die Tathandlung hinwegdenken und schauen, ob der konkrete Erfolg ohne diese Handlung ebenfalls eingetreten wäre. Wichtig ist hierbei, dass man auf den konkreten Erfolg abstellt, hypothetische Reserveursachen sind folglich unbeachtlich.

Beispiel Täter (T) erschießt das Opfer (O). Dieses hatte zuvor eine Überdosis Schlaftabletten geschluckt an welchen es sowieso – auch ohne den Schuss – in Kürze verstorben wäre. Diese hypothetische Reserveursache des baldigen Todes des O, ist unbeachtlich. Es kommt nur auf den konkreten Erfolg, also auf den Todeseintritt durch die Schussverletzung an. Dieser wäre ohne die Handlung des T nicht eingetreten. ▬

Von den folgenden Fallgruppen der Kausalität sollte man mal etwas gehört haben, auch wenn man sie größtenteils mit der sauberen Anwendung der Äquivalenztheorie problemlos lösen kann:

überholende bzw. abgebrochene Kausalität

Überholende bzw. abgebrochene Kausalität Die von einem ersten Täter in Gang gesetzte Kausalkette wird abgebrochen, indem ein zweiter Täter einen von der ersten Ursachenkette unabhängigen Erfolgt verursacht.

Beispiel T verabreicht O ein Gift. S der O auch umbringen möchte erschießt ihn noch bevor das Gift bei O wirkt. Das Giftverabreichen des T ist nicht kausal für den Tod des O, denn der Schuss des S hat die Handlung des T abgebrochen. T ist daher nur wegen eines versuchten Tötungsdeliktes und eines vollendeten Körperverletzungsdelikts zu bestrafen. S aus vollendetem Tötungsdelikt. ▬

anknüpfende bzw. fortwirkende Kausalität

Anknüpfende bzw. fortwirkende Kausalität An den Kausalverlauf eines ersten Täters wird von einem zweiten Täter angeknüpft.

Beispiel T verabreicht O Gift. Als O schon vom Gift röchelnd auf dem Boden liegt, gibt der vorbeikommende S ihm den „Gnadenschuss“. Das Vergiften durch T ist kausal für den Tod des O, denn ohne das Vergiften hätte O nicht auf dem Boden gelegen und S hätte ihn daher nicht erschossen. Beide Handlungen sind daher kausal. Die objektive Zurechnung des Deliktes ist in Bezug auf T allerdings fraglich. ▬

kumulative Kausalität

Kumulative Kausalität Erst mehrere Handlungen führen gemeinsam einen Erfolg herbei. Jede Handlung hätte für sich alleine genommen, jedoch nicht zu dem Erfolg geführt.

Beispiel T und S vergiften beide unabhängig voneinander O. Erst beide Giftmengen zusammen führen zum Tod des O. Die einzelnen

Giftmengen von T uns S hätten jedoch nicht ausgereicht. Kausalität liegt vor, denn wenn das vergiften von T oder S hinweggedacht wird, entfällt auch der Tod des O.

Alternative Kausalität Mehrere Handlungen führen gemeinsam zum Erfolg. Jede Handlung hätte aber auch alleine ausgereicht. (siehe Fall 1)

CHECKLISTE

DAS VORSÄTZLICHE VOLLENDETE BEGEHUNGSDELIKT

A. Tatbestand
- I. Objektiver Tatbestand
  1. Taterfolg
  2. Tathandlung
  3. Kausalität
  4. Ggf. objektive Zurechnung
- II. Subjektiver Tatbestand

B. Rechtswidrigkeit
C. Schuld
D. Ggf. persönliche Strafaufhebungs- und Strafausschließungsgründe
E. Ggf. Strafverfolgungsvoraussetzungen

Auf die Prüfungspunkte A.,I.,4.; D. und E. muss nur dann eingegangen werden, wenn diese problematisch sind.

1. FALL

1. FALL: PERLEN & TIMBERLANDS

Die Jurastudenten Theodor (T) und Paulina (P) wollen ihrem Strafrechtsrepetitor (S) eine Lektion erteilen. Dieser hat es doch tatsächlich gewagt, sich über den „Juradresscode" lustig zu machen, indem er P als „Perlen-Pauline" und T als „Timberland-Theodor" bezeichnet hat. Hiermit hat er zwar die Lacher der übrigen Veranstaltungsteilnehmer auf seine Seite gezogen, allerdings nicht die Sympathie von P und T.

Bei einem gemeinsamen Weihnachtsmarktbesuch sehen T und P unabhängig voneinander endlich die Möglichkeit, sich an S zu rächen. Sie schütten ihm daher in einem unbeobachteten Moment Gift in den Glühwein, ohne dass S es bemerkt. Beide wissen nichts von dem Racheplan des jeweils anderen. S trinkt den Glühwein und verstirbt. Beide Giftmengen hätten alleine schon ausgereicht um den Todeseintritt des S zu bewirken. Zudem haben beide Gifte gleichzeitig gewirkt.

Hat sich P gem. § 212 I StGB strafbar gemacht?

LÖSUNG

Strafbarkeit der P gem. § 212 I StGB, durch das Vergiften des Glühweins

P könnte sich wegen Totschlags gem. § 212 I StGB strafbar gemacht haben, indem sie den Wein des S vergiftete.

KLAUSURHINWEIS

Oft wird in den Klausuren vergessen, das Gesetz hinzu zu zitieren. Um diesen Fehler zu vermeiden, bietet es sich an, hinter der ersten Gesetzestextangabe folgende Fußnote zu setzen: „Alle Paragraphen ohne Gesetzestextangabe sind solche des StGB". Diese Vorgehensweise ist zudem zeitsparend, weil hierdurch unnötiger Schreibaufwand vermieden wird.

A. TATBESTAND

I. Objektiver Tatbestand

1. Taterfolg

Der Taterfolg des § 212 I StGB ist der Tod eines (anderen) Menschen. Mit dem Tod des S ist der Taterfolg folglich eingetreten.

KLAUSURHINWEIS

Auch wenn es am Anfang merkwürdig erscheint, den Tod eines Menschen als Erfolg zu bezeichnen, ist dies die gängige Terminologie im Strafrecht.

2. Tathandlung

Erforderlich ist des Weiteren eine Tathandlung der P.

Es sollte schon im Obersatz deutlich gemacht werden, an welche Handlung konkret angeknüpft wird.

DEFINITION

Eine Handlung ist jedes menschliche Verhalten, das vom Willen beherrscht oder zumindest beherrschbar und damit auch vermeidbar ist.

P hat S willentlich Gift in seinen Glühwein geschüttet. Eine geeignete Tathandlung liegt somit vor.

KLAUSURHINWEIS

Im Normalfall genügt ein kurzer Satz, dass eine Handlung vorliegt. Nur in den folgenden wenigen Ausnahmefällen ist das Vorliegen einer Handlung problematisch: „Vis absoluta" (Unwiderstehliche Gewalt, z. B. wenn A von B in den C geschubst wird und diesen dadurch verletzt), Reflexreaktionen, Bewegungen im Zustand der Bewusstlosigkeit oder im Schlaf und krankheitsbedingt nicht beherrschbare Bewegungen (z. B. Zuckungen).

3. Kausalität

Die Handlung der P müsste auch kausal für den eingetretenen Erfolg gewesen sein.

DEFINITION

Kausal für einen Erfolg ist eine Handlung, wenn sie nicht hinweggedacht werden kann, ohne dass der konkrete Erfolg entfiele.

Es dürfte also im Sinne der conditio-sine-qua-non-Formel nicht möglich sein, das Vergiften des Glühweins hinwegzudenken ohne dass der Todeseintritt des S entfiele.

Denkt man sich das Vergiften des Glühweins durch P hinweg, dann wäre S aber trotzdem an dem Gift des T gestorben. Eigentlich liegt nach der condictio-sine-qua-non-Formel daher keine Kausalität vor.

Dieses Ergebnis ist aber insofern problematisch, als dass auch das Vergiften durch T nicht hinweggedacht werden kann, ohne dass der Tod des S entfiele. Dieser wäre dann nämlich an dem Gift der P verstorben. Auch die Handlung des T wäre also nach der conditio-sine-qua-non-Formel also nicht kausal.

Es erscheint aber unbillig, dass P ein Vorteil daraus entstehen soll, dass auch T probiert hat, S umzubringen. Schließlich war ihre Handlung schon alleine erfolgsgeeignet. In solchen Fällen der alternativen Kausalität findet daher ausnahmsweise eine modifizierte conditio-sine-qua-non-Formel Anwendung:

DEFINITION

Von mehreren Handlungen, die zwar alternativ, aber nicht kumulativ hinweggedacht werden können, ohne dass der Erfolg entfiele, sind beide ursächlich.

Denkt man sich das Vergiften des Glühweins durch P und T kumulativ hinweg, würde auch der Tod des S entfallen. Im Sinne der modifizierten conditio sine qua non Formel liegt daher eine Kausalität vor.

KLAUSURHINWEIS

Die modifizierte conditio-sine-qua-non-Formel findet nur in diesem einen Fall Anwendung. Liegt kein Fall der „alternativen Kausalität" vor, ist sie daher nicht zu erwähnen.

Die objektive Zurechnung ist an diese Stelle nicht anzusprechen, da sie nur ein Korrektiv zur Kausalität darstellt. (Mehr zur objektiven Zurechnung im nächsten Fall!)

II. Subjektiver Tatbestand

DEFINITION

Vorsatz ist der Wille zur Tatbestandsverwirklichung in Kenntnis aller seiner objektiven Tatumstände. (Kurz: Vorsatz ist das Wissen und Wollen der Tatbestandsverwirklichung.)

P wollte S töten. Sie handelte daher vorsätzlich.

B. RECHTSWIDRIGKEIT

P handelte rechtswidrig.

C. SCHULD

P handelte auch schuldhaft.

GESAMTERGEBNIS

P hat sich gem. § 212 I StGB strafbar gemacht, indem sie das Gift in den Glühwein des S geschüttet hat.

---

2. Objektive Zurechnung

Die strafrechtliche Zurechnung würde ins uferlose gehen, wenn man sie alleine nach der Äquivalenztheorie bestimmen würde: selbst die Zeugung eines Mörders wäre kausal für den späteren Tod des Opfers. Denn denkt man sich die Zeugung hinweg, entfiele auch der Tod des Opfers.

Im Rahmen der objektiven Zurechnung wird daher eine Korrektur vorgenommen. Hier wird nämlich untersucht, ob dem Täter der Erfolg noch als „sein Werk" zugerechnet werden kann.

DEFINITION

Dem Täter ist ein Erfolg objektiv zuzurechnen, wenn sein Verhalten eine rechtlich relevante Gefahr geschaffen hat und sich gerade diese Gefahr im tatbestandsmäßigen Erfolg niedergeschlagen hat.

Die objektive Zurechnung ist gemäß der Definition in zwei Schritten zu prüfen. Im ersten Schritt ist zu untersuchen, ob der Täter durch sein Verhalten eine rechtlich relevante Gefahr geschaffen hat. Dies hat er in dem folgenden Fällen nicht:

- das Täterverhalten ist dem Bereich des erlaubten Risikos zuzuordnen (bei sozialadäquaten Verhalten)

  Beispiel Teilnahme am Straßenverkehr, Umgang mit Mitmenschen trotz Erkältung

- bei einer Risikoverringerung

  Beispiel T schubst den O damit dieser nicht erschossen wird. Hierdurch trifft die Kugel nur noch den Hut des O und beschädigt diesen.

- oder bei einem vom Menschen nicht beherrschbaren Geschehensablauf

  Beispiel Blitzeinschlag

  Im zweiten Schritt ist zu untersuchen, ob sich die geschaffene Gefahr im eingetretenen Erfolg verwirklicht hat. Dies ist nicht der Fall bei:

- atypischen Kausalverläufen

  Beispiel Siehe Fall 2

- bei fehlendem Pflichtwidrigkeitszusammenhang

  Beispiel T fährt fahrlässig O an. Selbst wenn er sich rechtmäßig Verhalten hätte, wäre der Erfolg trotzdem eingetreten.

- bei freiverantwortlicher Selbstschädigung

  Beispiel Selbstmord

- bei Beruhen des Erfolges auf einem dazwischentreten Dritter

  Beispiel Fälle der anknüpfenden Kausalität s.o.

2. FALL

2. FALL: IMMER ÄRGER MIT DER MAFIA

Mafiaboss Manfred (M) hat einen schlechten Tag gehabt. Seit sich sein Konkurrent Kralle (K) in seinem Gebiet rumtreibt, laufen seine Geschäfte schlechter. Während des Heimwegs zu seiner Villa grübelt er deswegen darüber nach wie er K aus dem Weg schaffen kann. Zu seiner Freude erkennt er, dass die dunkle Gestalt die vor ihm geht, der K ist. Er zögert nicht lange und nutzt die günstige Gelegenheit um H von hinten mit seinem Messer niederzustechen. Als dieser stark blutend auf dem Gehweg liegt, setzt M nun etwas zufriedener seinen Heimweg fort.

Dummerweise alarmiert der Passant Peter (P) den Rettungswagen, so dass K ins Krankenhaus gebracht werden kann. Gerade als dieser auf der Intensivstation eingetroffen ist, ereignet sich ein starkes Erdbeben. Durch dieses löst sich ein über dem Bett befindliches schweres Regalbrett und erschlägt H.

Hat sich M gem. § 212 I StGB strafbar gemacht?

LÖSUNG

Strafbarkeit des M gem. § 212 I StGB durch das Niederstechen

M könnte sich des Totschlags gem. § 212 I StGB schuldig gemacht haben, indem er H mit seinem Messer niederstach.

KLAUSURHINWEIS

Der Obersatz kann variiert werden, indem man mal die Formulierung „wegen ... strafbar gemacht" und mal die Formulierung „der/des ... schuldig gemacht" verwendet. Nicht verwendet werden sollten jedoch die Formulierungen „der/des ... strafbar gemacht" oder „wegen ... schuldig gemacht".

A. TATBESTAND

Zunächst müsste der Tatbestand erfüllt sein.

I. Taterfolg

Der Taterfolg des § 212 I StGB ist der Tod eines (anderen) Menschen. Mit dem Tod des K ist der Taterfolg somit eingetreten.

§ 212 I StGB, stellt nur die Tötung eines anderen Menschen unter Strafe, dementsprechend ist die Selbsttötung straffrei. Dies wird aus einem „Erst-Recht-Schluss" aus § 223 StGB hergeleitet.

II. Tathandlung

M stach K willentlich nieder, somit liegt auch eine Tathandlung vor.

II. Kausalität
Des Weiteren müsste die Handlung des M auch kausal für den Tod des K sein. Die Kausalität wird nach der conditio-sine-qua-non-Formel bestimmt.

DEFINITION
Kausal für einen Erfolg ist eine Handlung, wenn sie nicht hinweggedacht werden kann, ohne dass der konkrete Erfolg entfiele.

Ohne die Stiche mit dem Messer wäre K nicht ins Krankenhaus gekommen und wäre dort nicht von dem Regalbrett erschlagen wurden. Folglich war der Stich für den Todeserfolg ursächlich.

III. Objektive Zurechnung
Des Weiteren müsste der Taterfolg dem S auch objektiv zuzurechnen sein.

DEFINITION
Dem Täter ist ein Erfolg objektiv zuzurechnen, wenn er durch sein Verhalten eine rechtlich relevante Gefahr geschaffen hat und sich gerade diese Gefahr im tatbestandsmäßigen Erfolg niedergeschlagen hat.

KLAUSURHINWEIS
Durch die objektive Zurechnung wird sichergestellt, dass die strafrechtliche Haftung nicht zu weit ist. Sie stellt sicher, dass der eingetretene Erfolg auch das „Werk" des Täters ist. Sie ist allerdings nicht immer anzusprechen, sondern nur dann, wenn sie problematisch ist. Gedanklich sollte sie allerdings immer zumindest kurz angedacht werden.

Durch das Niederstechen hat S eine rechtlich relevante Gefahr geschaffen, nämlich die Gefahr des Todes des M. Fraglich ist jedoch, ob sich diese rechtlich relevante Gefahr auch im konkreten Erfolg verwirklicht hat. S ist nicht an den Stichverletzungen gestorben, sondern wurde von einem Regalbrett erschlagen, welches sich durch das Erdbeben gelöst hatte. Es könnte sich hier um einen atypischen Kausalverlauf handeln. Ein solcher liegt vor, wenn der eingetretene Erfolg außerhalb dessen liegt, was nach allgemeiner Lebenserfahrung hätte erwartet werden können. Nach allgemeiner Lebenserfahrung ist es höchst unwahrscheinlich, dass sich in Deutschland ein so starkes Erdbeben ereignet, dass sich ein Regalbrett löst und einen Patienten der Intensivstation erschlägt. Im Tod bei einem Erdbeben verwirklicht sich somit nicht das durch den Täter geschaffene Risiko, sondern nur das allgemeine Lebensrisiko. Der Tod des M erscheint daher nicht als das „Werk" des S, sondern beruht

S ist natürlich trotzdem wegen versuchten Totschlags gem. §§ 212 I, 22, 23 I StGB und wegen vollendeter gefährlicher Körperverletzung gem. §§ 223 I, 224 I Nr. 2, Nr. 5 StGB strafbar.

auf einem atypischen Kausalverlauf. Folglich kann der Taterfolg dem S nicht zugerechnet werden.

KLAUSURHINWEIS
Die Rechtsprechung prüft im Gegensatz zur ganz herrschenden Meinung die objektive Zurechnung nicht. Sie prüft dafür im Rahmen des subjektiven Tatbestandes aber, ob ein Irrtum über den Kausalverlauf vorliegt, welcher den Vorsatz des Täters entfallen lässt.

Falls Sie diesen anderen Lösungsweg einmal sehen sollten, lassen Sie sich hiervon nicht verunsichern. Der hier gewählte Lösungsweg ist der übliche und sollte zumindest im ersten Examen auch gewählt werden. Zudem kommen beide Auffassungen in der Regel zu selben Ergebnissen.

GESAMTERGEBNIS
Schon der objektive Tatbestand des § 212 I StGB ist nicht erfüllt. S hat sich daher nicht des Totschlags gem. § 212 I StGB schuldig gemacht, indem er H niedergestochen hat.

II. Der subjektive Tatbestand

Liegen die objektiven Voraussetzungen vor, ist anschließend im subjektiven Tatbestand zu untersuchen, ob der Täter auch bezüglich aller objektiven Voraussetzungen mit Vorsatz gehandelt hat.

voluntatives Element =„Wollen"
kognitives Element = „Wissen"

Der Vorsatz besteht nach herrschender Auffassung aus einem voluntativen und einem kognitiven Element.

Das kognitive Element ergibt sich aus einem Umkehrschluss zu § 16 I 1 StGB. Dieser lautet: „Wer bei Begehung der Tat einen Umstand nicht kennt, der zum gesetzlichen Tatbestand gehört, handelt nicht vorsätzlich." Dementsprechend kann also nur derjenige vorsätzlich handeln, der die Tatumstände kennt.

Derjenige der eine Sachbeschädigung begeht, muss also wissen, dass es sich um eine fremde Sache handelt. Glaubt er irrtümlich, dass die Sache ihm gehört, handelt er mangels Kenntnis bezüglich der Fremdheit nicht vorsätzlich.

Man unterscheidet zwischen drei verschiedenen Vorsatzformen:

Absicht (dolus directus 1. Grades) Hier überwiegt das voluntative Element. Der Täter handelt mit Absicht, wenn es ihm gerade auf die Herbeiführung des tatbestandlichen Erfolges ankommt, dessen Eintritt er zumindest für möglich hält.

Direkter Vorsatz (dolus directus 2. Grades) Hier überwiegt das kognitive Element. Der Täter handelt mit direktem Vorsatz, wenn er sicher weiß, dass der tatbestandliche Erfolg eintreten wird und er sich mit diesem Erfolg derart abfindet, dass er ihn zumindest billigend in Kauf nimmt.

Eventualvorsatz (dolus eventualis) Bei dieser Vorsatzform ist sowohl das kognitive als auch das voluntative Element nur schwach ausgeprägt. Nach der herrschenden Billigungstheorie des BGH handelt mit Eventualvorsatz, wer die Möglichkeit des tatbestandlichen Erfolgseintritts erkennt und ernst nimmt und sich mit dem Erfolg in der Weise abfindet, dass er ihn billigend in Kauf nimmt, mag ihm der Erfolg auch an sich unerwünscht sein.

3. FALL: DAS WAR WOHL NICHTS

Der Kneipenbesitzer Karl (K) weigert sich beharrlich das von Schutzgelderpresser Siegfried (S) verlangte Schutzgeld zu bezahlen. Hierüber ist S erbost. Um K noch einmal eindringlich an seine Zahlungspflicht zu erinnern und zudem seinen „guten Ruf", in der Szene beizubehalten, möchte S dem K eine Abreibung verpassen. Hierfür sucht S den K in seiner Kneipe auf und schlägt ihm mehrfach mit einem Schlagring ins Gesicht. Hierbei hält S es für wahrscheinlich, dass K durch die heftigen Schläge ums Leben kommt. Er hofft jedoch darauf, dass K die Schläge überleben wird. K erleidet jedoch aufgrund der Schläge schwere Hirnblutungen und verstirbt noch auf dem Weg ins Krankenhaus.

Hat sich S gem. § 212 I StGB strafbar gemacht?

LÖSUNG

Strafbarkeit des S gem. § 212 I StGB durch die Schläge ins Gesicht

S könnte sich wegen Totschlags gem. § 212 I StGB strafbar gemacht haben, indem er dem K mehrfach mit dem Schlagring ins Gesicht schlug.

KLAUSURHINWEIS

Die Normen sollten immer genau mit Absätzen zitiert werden.

A. TATBESTAND

Dafür müsste der Tatbestand erfüllt sein.

I. Objektiver Tatbestand

1. Taterfolg

K hat sich schwere Hirnblutungen zugezogen an welchen er verstorben ist. Der Tod eines Menschen liegt also als Taterfolg vor.

KLAUSURHINWEIS

An unproblematischen Stellen, darf auch der Urteilsstil verwendet werden. Dies spart kostbare Zeit in der Klausur und zeugt von einer guten Schwerpunktsetzung.

2. Tathandlung

S hat den K mit dem Schlagring ins Gesicht geschlagen und somit eine Tathandlung ausgeführt.

3. Kausalität

Der Schlag des S mit dem Schlagring ist auch kausal im Sinne der conditio-sine-qua-non-Formel für den späteren Todeseintritt bei K.

Die objektive Zurechnung wird hier nicht angesprochen, da diese nur ein Korrektiv der Kausalität darstellt, welches in diesem Fall nicht benötigt wird.

II. Subjektiver Tatbestand

Fraglich ist, ob S bezüglich des objektiven Tatbestandes Vorsatz hatte.

DEFINITION

Vorsatz ist der Wille zur Tatbestandsverwirklichung in Kenntnis aller seiner objektiven Tatumstände. (Kurz: Vorsatz ist das Wissen und Wollen der Tatbestandsverwirklichung.)

S hatte weder die Absicht noch den direkten Vorsatz zur Tötung des K. In Betracht kommt aber das Vorliegen des Eventualvorsatzes. Dieser muss aufgrund seines nur schwach ausgeprägten Wissens- und Wollenselement von der bewussten Fahrlässigkeit abgegrenzt werden. Hierzu werden verschiedene Theorien vertreten.

In unproblematischen Fällen, kann der Eventualvorsatz kurz anhand der herrschenden Billigungstheorie festgestellt werden. Im Sachverhalt findet sich dann oft ein Hinweis, dass der Täter den Erfolg billigend in Kauf genommen hat.

KLAUSURHINWEIS

Zur Übersichtlichkeit ist es sinnvoll zu wissen, dass es im Rahmen des Streits im Wesentlichen zwei unterschiedliche „Obermeinungen" gibt. Zum einen gibt es die rein kognitiven Theorien, welche auf das Wollenselement komplett verzichten. Zum anderen gibt es die voluntativen Theorien, welche neben dem Wissens- auch auf das Wollenselement abstellen.